F*CK
THEM PEOPLE
JOURNAL

Monroe Bishop

This is your FUCKING LIFE
Claim it!

This is your FUCKING Journal
Own It ...

I Say This With A Clear Mind
&
A Peaceful Spirit .....

FUCK THEM PEOPLE!!

You Owe It To Yourself..
Fuck Them People

You Owe It To Yourself..
Fuck Them People

You Owe It To Yourself..
Fuck Them People

You Owe It To Yourself..
Fuck Them People

You Owe It To Yourself..
Fuck Them People

You Owe It To Yourself..
Fuck Them People

You Owe It To Yourself..
Fuck Them People

You Owe It To Yourself..
Fuck Them People

You Owe It To Yourself..
Fuck Them People

You Owe It To Yourself..
Fuck Them People

Just be you, and if people don't like it...
Fuck Them People

You Owe It To Yourself..
Fuck Them People

You Owe It To Yourself..
Fuck Them People

You Owe It To Yourself..
Fuck Them People

You Owe It To Yourself..
Fuck Them People

You Owe It To Yourself..
Fuck Them People

You Owe It To Yourself..
Fuck Them People

You Owe It To Yourself..
Fuck Them People

You Owe It To Yourself..
Fuck Them People

You Owe It To Yourself..
Fuck Them People

You Owe It To Yourself..
Fuck Them People

I am who the FUCK I am..
Fuck Them People

You Owe It To Yourself..
Fuck Them People

You Owe It To Yourself..
Fuck Them People

You Owe It To Yourself..
Fuck Them People

You Owe It To Yourself..
Fuck Them People

You Owe It To Yourself..
Fuck Them People

You Owe It To Yourself..
Fuck Them People

You Owe It To Yourself..
Fuck Them People

You Owe It To Yourself..
Fuck Them People

You Owe It To Yourself..
Fuck Them People

You Owe It To Yourself..
Fuck Them People

You Don't Need Their Approval.
Fuck Them People

You Owe It To Yourself..
Fuck Them People

You Owe It To Yourself ..
Fuck Them People

You Owe It To Yourself..
Fuck Them People

You Owe It To Yourself..
Fuck Them People

You Owe It To Yourself..
Fuck Them People

You Owe It To Yourself..
Fuck Them People

You Owe It To Yourself..
Fuck Them People

You Owe It To Yourself..
Fuck Them People

You Owe It To Yourself..
Fuck Them People

You Owe It To Yourself..
Fuck Them People

People with big hearts..Lissen Up! We not saving NOBODY ever again.
Fuck'em

You Owe It To Yourself..
Fuck Them People

You Owe It To Yourself..
Fuck Them People

You Owe It To Yourself..
Fuck Them People

You Owe It To Yourself..
Fuck Them People

You Owe It To Yourself..
Fuck Them People

You Owe It To Yourself..
Fuck Them People

You Owe It To Yourself..
Fuck Them People

You Owe It To Yourself..
Fuck Them People

You Owe It To Yourself..
Fuck Them People

You Owe It To Yourself ..
Fuck Them People

"Your Self Worth is Your Net Worth"
Fuck Dem People

You Owe It To Yourself..
Fuck Them People

You Owe It To Yourself..
Fuck Them People

You Owe It To Yourself..
Fuck Them People

You Owe It To Yourself..
Fuck Them People

You Owe It To Yourself..
Fuck Them People

You Owe It To Yourself..
Fuck Them People

You Owe It To Yourself..
Fuck Them People

You Owe It To Yourself..
Fuck Them People

You Owe It To Yourself..
Fuck Them People

You Owe It To Yourself..
Fuck Them People

.... hurt changes you.
Fuck Them People.

You Owe It To Yourself..
Fuck Them People

You Owe It To Yourself..
Fuck Them People

You Owe It To Yourself..
Fuck Them People

You Owe It To Yourself..
Fuck Them People

You Owe It To Yourself ..
Fuck Them People

You Owe It To Yourself..
Fuck Them People

You Owe It To Yourself..
Fuck Them People

You Owe It To Yourself
Fuck Them People

You Owe It To Yourself..
Fuck Them People

You Owe It To Yourself..
Fuck Them People

People are gonna people so remain true to yourself.
Fuck Them People

You Owe It To Yourself
Fuck Them People

You Owe It To Yourself
Fuck Them People

You Owe It To Yourself
Fuck Them People

You Owe It To Yourself
Fuck Them People

You Owe It To Yourself
Fuck Them People

You Owe It To Yourself
Fuck Them People

You Owe It To Yourself
Fuck Them People

You Owe It To Yourself
Fuck Them People

You Owe It To Yourself
Fuck Them People

You Owe It To Yourself
Fuck Them People

Remember who the FUCK you are!
Fuck Them People

You Owe It To Yourself
Fuck Them People

You Owe It To Yourself
Fuck Them People

You Owe It To Yourself
Fuck Them People

You Owe It To Yourself
Fuck Them People

You Owe It To Yourself
Fuck Them People

You Owe It To Yourself
Fuck Them People

You Owe It To Yourself
Fuck Them People

You Owe It To Yourself
Fuck Them People

You Owe It To Yourself..
Fuck Them People

You Owe It To Yourself..
Fuck Them People

There isn't a single person on this planet who is entitled to treat you like shit. Remember That Fuckology

You Owe It To Yourself..
Fuck Them People

You Owe It To Yourself..
Fuck Them People

You Owe It To Yourself..
Fuck Them People

You Owe It To Yourself..
Fuck Them People

You Owe It To Yourself..
Fuck Them People

You Owe It To Yourself..
Fuck Them People

You Owe It To Yourself..
Fuck Them People

You Owe It To Yourself..
Fuck Them People

You Owe It To Yourself..
Fuck Them People

You Owe It To Yourself..
Fuck Them People

..its not your job to like me, its mine
Fuck Them People

You Owe It To Yourself..
Fuck Them People

You Owe It To Yourself..
Fuck Them People

You Owe It To Yourself..
Fuck Them People

You Owe It To Yourself..
Fuck Them People

You Owe It To Yourself..
Fuck Them People

You Owe It To Yourself..
Fuck Them People

You Owe It To Yourself..
Fuck Them People

You Owe It To Yourself..
Fuck Them People

You Owe It To Yourself..
Fuck Them People

You Owe It To Yourself..
Fuck Them People

TWO WORDS, ONE FINGER
Fuck'em

You Owe It To Yourself..
Fuck Them People

You Owe It To Yourself..
Fuck Them People

You Owe It To Yourself..
Fuck Them People

You Owe It To Yourself..
Fuck Them People

You Owe It To Yourself..
Fuck Them People

You Owe It To Yourself..
Fuck Them People

You Owe It To Yourself..
Fuck Them People

You Owe It To Yourself ..
Fuck Them People

You Owe It To Yourself..
Fuck Them People

You Owe It To Yourself..
Fuck Them People

Put Your Whole Vibe on Do NOT Disturb
Fuck Them People

You Owe It To Yourself..
Fuck Them People

You Owe It To Yourself..
Fuck Them People

You Owe It To Yourself..
Fuck Them People

You Owe It To Yourself..
Fuck Them People

You Owe It To Yourself..
Fuck Them People

You Owe It To Yourself..
Fuck Them People

You Owe It To Yourself..
Fuck Them People

You Owe It To Yourself..
Fuck Them People

You Owe It To Yourself..
Fuck Them People

You Owe It To Yourself..
Fuck Them People

Sometimes words aren't enough.
That's why we have middle fingers ...

You Owe It To Yourself..
Fuck Them People

You Owe It To Yourself..
Fuck Them People

You Owe It To Yourself..
Fuck Them People

You Owe It To Yourself..
Fuck Them People

You Owe It To Yourself..
Fuck Them People

You Owe It To Yourself..
Fuck Them People

You Owe It To Yourself..
Fuck Them People

You Owe It To Yourself..
Fuck Them People

You Owe It To Yourself..
Fuck Them People

You Owe It To Yourself..
Fuck Them People

"Be highly humble, yet highly aware of your worth, never let a soul on this earth make you feel like you aren't enough."
Fuck Them People.

You Owe It To Yourself..
Fuck Them People

You Owe It To Yourself..
Fuck Them People

You Owe It To Yourself..
Fuck Them People

You Owe It To Yourself..
Fuck Them People

You Owe It To Yourself..
Fuck Them People

You Owe It To Yourself..
Fuck Them People

You Owe It To Yourself..
Fuck Them People

You Owe It To Yourself..
Fuck Them People

You Owe It To Yourself..
Fuck Them People

You Owe It To Yourself..
Fuck Them People

Life is too short to be normal. Stay Weird & Fuck Them People

You Owe It To Yourself..
Fuck Them People

You Owe It To Yourself..
Fuck Them People

You Owe It To Yourself..
Fuck Them People

You Owe It To Yourself..
Fuck Them People

You Owe It To Yourself..
Fuck Them People

You Owe It To Yourself..
Fuck Them People

You Owe It To Yourself..
Fuck Them People

You Owe It To Yourself..
Fuck Them People

You Owe It To Yourself..
Fuck Them People

You Owe It To Yourself..
Fuck Them People

Live Ya Life. They Gonna Talk Regardless..
Fuck Them People

You Owe It To Yourself..
Fuck Them People

You Owe It To Yourself..
Fuck Them People

You Owe It To Yourself..
Fuck Them People

You Owe It To Yourself..
Fuck Them People

You Owe It To Yourself..
Fuck Them People

You Owe It To Yourself..
Fuck Them People

You Owe It To Yourself..
Fuck Them People

_____
_____
_____
_____

_____
_____
_____
_____
_____
_____
_____
_____
_____
_____
_____
_____
_____
_____
_____
_____
_____
_____
_____
_____
_____
_____
_____
_____
_____
_____
_____
_____
_____
_____

You Owe It To Yourself..
Fuck Them People

You Owe It To Yourself..
Fuck Them People

You Owe It To Yourself..
Fuck Them People

Self Love Is the Ultimate Middle Finger..
Fuck Them People

When You Know Who You Are. No one can change that !
Fuck Them People

_____

_____

_____

_____

_____

_____

_____

_____

_____

_____

_____

_____

_____

_____

_____

_____

_____

_____

_____

_____

_____

_____

_____

_____

_____

_____

_____

_____

_____

_____

_____

_____

Talk Your Shit ..
Fuck Them People

"Creating your own fulfillment, will keep you from seeking it from others"
Fuck Them People

_____
_____
_____
_____

_____
_____
_____
_____
_____
_____
_____
_____
_____
_____
_____
_____
_____
_____
_____
_____
_____
_____
_____
_____
_____
_____
_____
_____
_____
_____
_____
_____

"If you don't believe in yourself, no one will do it for you" Monica
Fuck Them People

Save ya Energy
&
Fuck Them People

They Keep Bringing up old Shit, Trying to keep you in the past..
Fuck Them People

STILL STANDING

Fuck Them People

Long Story Short.
I owe it to myself to be the best ME.
It's ME that I have to make proud.
Its Me that Matters.
It's ME that I have to protect.
Fuck Them People.

www.ingramcontent.com/pod-product-compliance
Lightning Source LLC
LaVergne TN
LVHW051553080426
835510LV00020B/2967